Impressum
Verlag: BABADADA GmbH, Nedderfeld 112 , 22529 Hamburg
Geschäftsführer / Verlagsleitung: Harald Hof
Druck: Books on Demand GmbH, In de Tarpen 42, 22848 Norderstedt

Imprint
Publisher: BABADADA GmbH, Nedderfeld 112 , 22529 Hamburg, Germany
Managing Director / Publishing direction: Harald Hof
Print: Books on Demand GmbH, In de Tarpen 42, 22848 Norderstedt

سکول

escola

تقسیم
dividir
186/2
بورڈ
tauler
کلاس روم
classe
سکول نا میدان
pati (de l'escola)
استاد
professor
کاغذ
paper
لکھنا
escriure
قلم
estilogràfica
میز
escriptori
سکیل
regle
کتاب
llibre
شاگرد
estudiant

جزدان

bossa

پینسل دا ڈبہ

estoig

پینسل

llapis

پینسل شارپنر

maquineta de fer punta

ربر

goma

ڈرائنگ پیڈ

bloc de dibuix

2

ڈرائنگ

dibuix

پینٹ برش

pinzell

پینٹ باکس

capsa de pintures

قینچی

tisores

گلو

cola

مشقی کتاب

quadern d'exercicis

گھر دا کم

deures

12

عدد

nombre

2+2

جمع

afegir

5-2

تفریق

sostreure

2×2

ضرب

multiplicar

کیلکولیٹ

calcular

A

خطره

lletra

ABCDEFG HIJKLMN OPQRSTU VWXYZ

حروف تہجی

alfabet

hello

لفظ

mot

متن
....
text

پڑھنا
....
llegir

چاک
....
guix

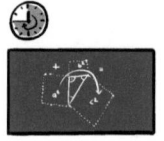

سبق
....
lliçó

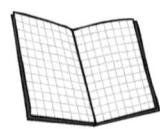

رجسٹر
....
llibre de classe

امتحان
....
examen

سند
....
certificat

سکول نی وردی
....
uniforme escolar

تعلیم
....
formació

انسائیکلوپیڈیا
....
enciclopèdia

یونیورسٹی
....
universitat

مائیکرو سکوپ
....
microscopi

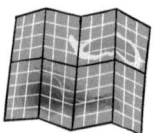

نقشہ
....
mapa

کچرے نا ڈبہ
....
paperera

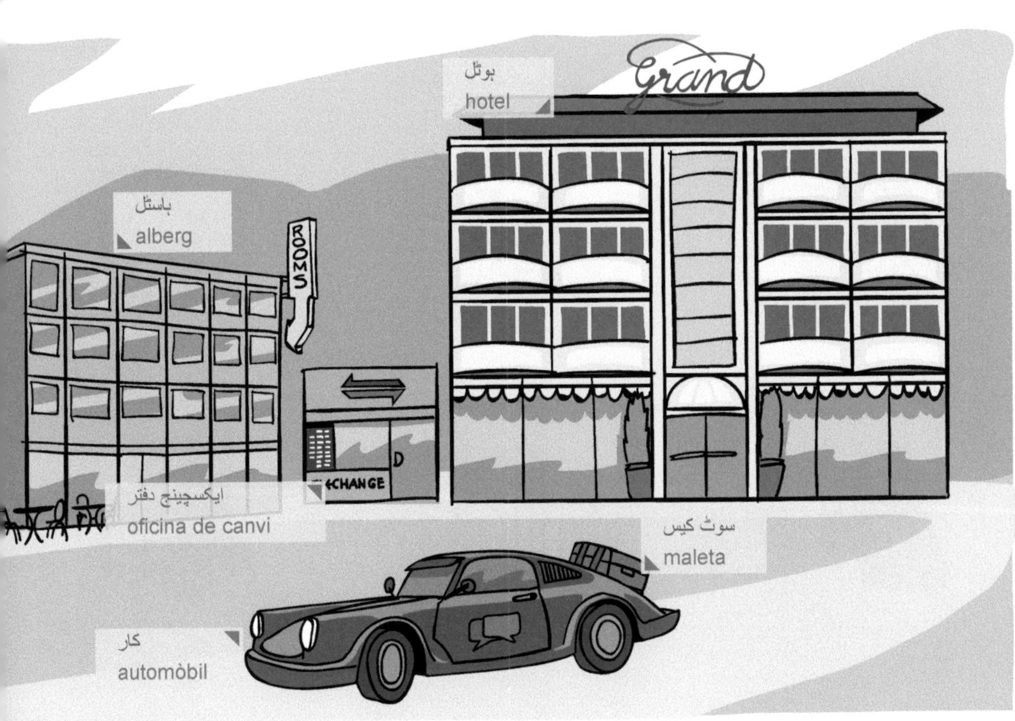

ہوٹل
hotel
Grand
ہاسٹل
alberg
ROOMS
€CHANGE
ایکسچینج دفتر
oficina de canvi
سوٹ کیس
maleta
کار
automòbil

بولی

llengua

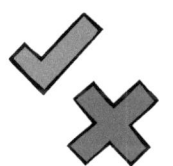

ہاں /نئیں

sí / no

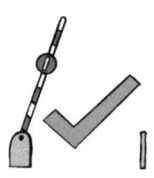

ٹھیک ہے

D'acord

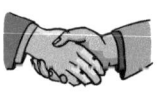

اسلام و علیکم

Ey!

ترجمان

traductora

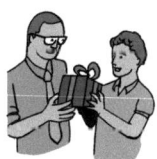

شکریہ

gràcies

ایہہ کنے نے ؟

Quant costa… ?

می سمجه نئیں رلی

No entenc

مسئلہ

problema

اسلام و علیکم

Bona nit!

اسلام و علیکم

bon dia!

اللہ حافظ

bona nit!

اللہ نے حوالے

fins aviat

سمت

direcció

سامان

bagatge

بیگ

bossa

بیک پیک

sarrona

مہمان

convidat

کمرہ

cambra

سلیپنگ بیگ

sac de dormir

خیمہ

tenda

سياح لئی معلومات

oficina de turisme

ساحل سمندر

platja

کریڈٹ کارڈ

carta de crèdit

ناشتہ

esmorzar

دوپہر نا کھانا

dinar

رات نا کھانا

sopar

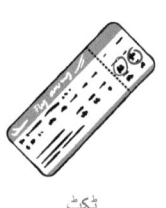

ٹکٹ

bitllet

لفٹ

ascensor

مہر

segell

بارڈر

frontera

کسٹمز

duana

ایمبیسی

ambaixada

ویزا

visat

پاسپورٹ

passaport

ٹرانسپورٹ

transport

جہاز
vol
پانی آلا جہاز
vaixell
فائر انجن
automòbil dels bombers
بس
bus
ٹرک
camió
موٹر بوٹ
llanxa de motor
کار
automòbil
بائیک
bicicleta

فیری

transbordador

کشتی

barca

موٹر بائیک

moto

پولیس کار

automòbil de policia

ریسنگ کار

automòbil de curses

کرایہ نی گڈ

automòbil de lloguer

کار شئیرنگ
....
vehicle compartit

بریک ڈاؤن ٹرک
....
grua

ریفیوز ٹرک
....
camió de les escombraries

موٹر
....
motor

فیول
....
benzina

پٹرول سٹیشن
....
benzineria

ٹریفک سائن
....
senyal de trànsit

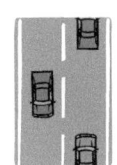

ٹریفک
....
trànsit

ٹریفک جام
....
embús

کار پارک
....
aparcament

ریل سٹیشن
....
estació de trens

ٹریکس
....
vies

ریل
....
tren

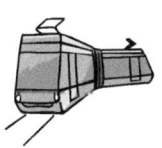

ٹرام
....
tramvia

کیرج
....
vagó

هیلی کاپٹر

helicòpter

ائر پورٹ

aeroport

مینار

torre

مسافر

passatger

کنٹینر

contenidor

کاٹن

capsa de cartó

چھکڑا

carretó

بالٹی

cistella

اڈنا / لہنا

enlairar-se / aterrar

شہر

ciutat

پنڈ

poble

سٹی سینٹر

centre de la ciutat

کھار

casa

سینما
cinema
مشہوری
anunci
سٹریٹ لیمپ
fanal
گلی
carrer
ٹیکسی
taxista
سنیک شاپ
quiosc
پیدل چلن آلے
pedestre
سلیب
vorera
زیبرا کراسنگ
pas de zebra
eda d'escombraries
کراسنگ
encreuament
ٹریفک لائیٹس
semàfor

ہٹ

cabana

فلیٹ

apartament

ریل سٹیشن

estació de trens

ٹاؤن ہال

casa de la vila-ciutat

میوزیم

museu

سکول

escola

یونیورسٹی

....

universitat

بنک

....

banca

ہسپتال

....

hospital

ہوٹل

....

hotel

فارمیسی

....

farmàcia

دفتر

....

oficina

کتب خانہ

....

llibreria

ہٹی

....

botiga

پھلاں الے

....

floristeria

سپر مارکیٹ

....

supermercat

بازار

....

mercat

ڈیپارٹمنٹ سٹور

....

gran magatzem

مچھیرے

....

peixateria

شاپنگ سینٹر

....

centre comercial

بندرگاہ

....

port

پارک

parc

بنچ

banc

پل

pont

سیڑھیاں

escala

انڈر گراؤنڈ

metro

ٹنل

túnel

بس سٹاپ

parada d'autobús

بار

bar

ریسٹورنٹ

restaurant

پوسٹ بکس

bústia de correu

سٹریٹ سائن

senyal indicador

پارکنگ میٹر

parquímetre

چڑیا گھر

zoo

سوئمنگ پول

piscina

مسجد

mesquita

فارم

granja

آلودگی

pol·lució

قبرستان

cementiri

چرچ

església

پلے گراؤنڈ

parc infantil

مندر

temple

منظر

paisatge

پتہ
fulla

سائن پوسٹ
cartell indicador

راه
camí

سر سبز میدان
prat

پتھر
pedra

درخت
arbre

بانگر
excursionista

دریا
riu

کاه
gespa

پھل
flor

وادی

vall

پہاڑی

muntanya

نہر

llac

جنگل

bosc

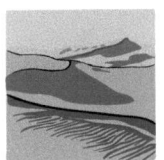

صحرا

desert

آتش فشاں

volcà

قلعہ

castell

رین بو

arc de Sant Martí

کھمبی

bolet

پام ٹری

palmera

مچھر

moscard

مکھی

mosca

چیونٹا

formiga

مکھی

abella

مکڑی

aranya

بھونرا
escarabat

مینڈک
granota

گلہری
esquirol

سیہہ
eriçó

ساھیا
llebre

الو
òliba

پرندہ
ocell

راج ہنس
cigne

نر سور
senglar

ہرن
cervo

بارہ سنگا
ant

ڈیم
presa

ونڈ ٹربائن
turbina

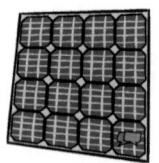

شمسی توانائی دا پینل
panell solar

آب و ہوا
clima

ریسٹورنٹ

restaurant

ویٹر
cambrer
مینیو
menú
کرسی
cadira
سوپ
sopa
پیزا
pizza
پھانڈے
coberts
میز نا کپڑا
tovalla

سٹارٹر

primer plat

مین کورس

plat principal

ڈیزرٹ

darreries

مشروب

begudes

کھانا

menjar

بوتل

ampolla

فاسٹ فوڈ

menjar ràpid

سٹریٹ فوڈ

menjar de carrer

ٹی پاٹ

tetera

شوگر بول

sucrer

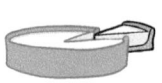

پورشن

porció

اسپریسو مشین

màquina d'espresso

ہائی چئیر

trona

بل

factura

ٹرے

plata

چھری

ganivet

کنڈا

forqueta

چمچ

cullera

ٹی سپون

cullereta

تولیہ

tovalló

گلاس

got

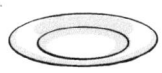

پلیٹ

....

plat

سوپ پلیٹ

....

plat de sopa

ساسر

....

plateret

چٹنی

....

salsa

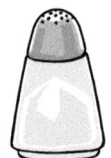

نمک دانی

....

saler

پیپر مل

....

molinet de pebre

سرکہ

....

vinagre

تیل

....

oli

مصالحہ

....

espècies

کیچپ

....

quètxup

سرہیئوں

....

mostassa

مینیز

....

maionesa

سپر مارکیٹ

supermercat

سپیشل آفر
oferta especial
گاہک
client
ڈیری
productes lactis
fruites
ٹرالی
carret de la compra

قصائی
....
carnisseria

بیکرز
....
forn de pa

وزن
....
pesar

سبزیاں
....
verdures

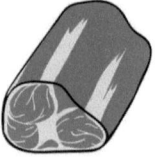

گوشت
....
carn

فروزن فوڈ
....
menjar congelat

کولڈ گوشت

carn freda

ٹن فوڈ

conserves

واشگ پوڈر

detergent en pols

مٹھائی

dolços

کھار دیاں چیزاں

articles domèstics

صفائی آلی چیزاں

productes de neteja

سیل مین

venedora

ٹل

caixa registradora

کیشئیر

caixera

شاپنگ لسٹ

llista de la compra

کھلن دا ویلا

horari d'obertura

پرس

portamonedes

کریڈٹ کارڈ

carta de crèdit

بیگ

bossa

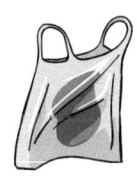

پلاسٹک بیگ

bossa de plàstic

مشروب

begudes

پانی

aigua

جوس

suc

ددھ

llet

کوک

coca-cola

شراب

vi

شراب

cervesa

شراب

alcohol

کوکا

cacau

چا

te

کافی

cafè

اسپریسو

espresso

کیپچینو

cappuccino

کیلا

banana

سیب

poma

موسمبی

taronja

تربوز

síndria

نیمبو

llimona

گاجر

pastanaga

لہسن

all

بانس

bambú

پیاز

ceba

کھمبی

bolet

میوے

avellanes

نوڈلز

fideus

سپیگیٹی

espaguetis

چاول

arròs

سلاد

amanida

چپس

patates fregides

تلے ہوئے آلو

patates fregides

پیزا

pizza

ہیم برگر

hamburguesa

سینڈوچ

entrepà

تکے

escalopa

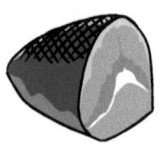

ہیم

cuixot

سلامی

salami

ساسج

salsitxa

مرغی

pollastre

بھنیا ہویا

rostit

مچھی

peix

24

کھانا - menjar

جو نا دلیہ

....

flocs de civada

مولی

....

musli

کارن فلیکس

....

cereals

آٹا

....

farina

کرائسنٹ

....

croissant

بریڈ رول

....

panet

روٹی

....

pa

ٹوسٹ

....

torrada

بسکٹ

....

bescuits

مکھن

....

mantega

دہی

....

mató

کیک

....

pastís

انڈا

....

ou

تلیا انڈا

....

ou fregit

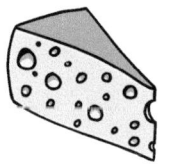

پنیر

....

formatge

آئس کریم

gelat

چینی

sucre

شہد

mel

جام

melmelada

چاکلیٹ سپریڈ

crema de xocolata

سالن

curri

فارم

granja

granja
گودام
graner
ونڈا
bala de palla
جیویں
camp
گھوڑا
cavall
remolc
ٹریکٹر
tractor
بچھیرا
poltre
کھوتا
ase
بھیڈ
ovella
بھیڑ
xai

بکری

cabra

گاں

vaca

بچھڑا

vedella

سور

porc

پگ لیٹ

garrí

بیل

bou

بطخ

oca

بطخ

ànec

چوزه

poll

مرغی

gall

مرغا

gallina

چوہا

rata

بلی

gat

چوہا

ratolí

بیل

bou

کتا

gos

کتے نا کهار

gossera

لان نا پائپ

mànega de regar

پانی نا ڈبی

regadora

درانتی

dalla

ہل

arada

درانتی

falç

ہو

aixada

ترنگل

forca

کوہاڑی

destral

ریڑھی

carretó

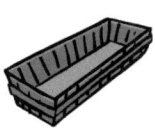

ڈونگا

abeurador

ددھ نا ڈبہ

lletera

بورا

sac

باڑ

tanca

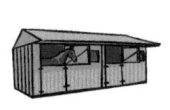

اصطبل

establa

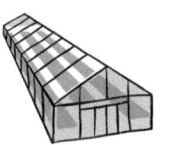

گرین ہاؤس

hivernacle

مٹی

sòl

بیج

llavor

کھاد

adob

کمبائن ہارویسٹر

collidora

فصل

collir

فصل

collita

يامز

nyam

كنك

blat

سويا

soja

آلو

patata

مكئى

blat de moro o d'indi

تلى

colza

پهلدار درخت

arbre fruiter

كاساوا

mandioca

اناج

cereals

کھار

casa

چمنی
fumera
teulada
نالی
canaló
کھڑکی
finestra
گیراج
garatge
دروازے نی گھنٹی
campana
دروازہ
porta
کچرا دان
galleda de les escombraries
لیٹر باکس
bústia de correu
باغ
jardí

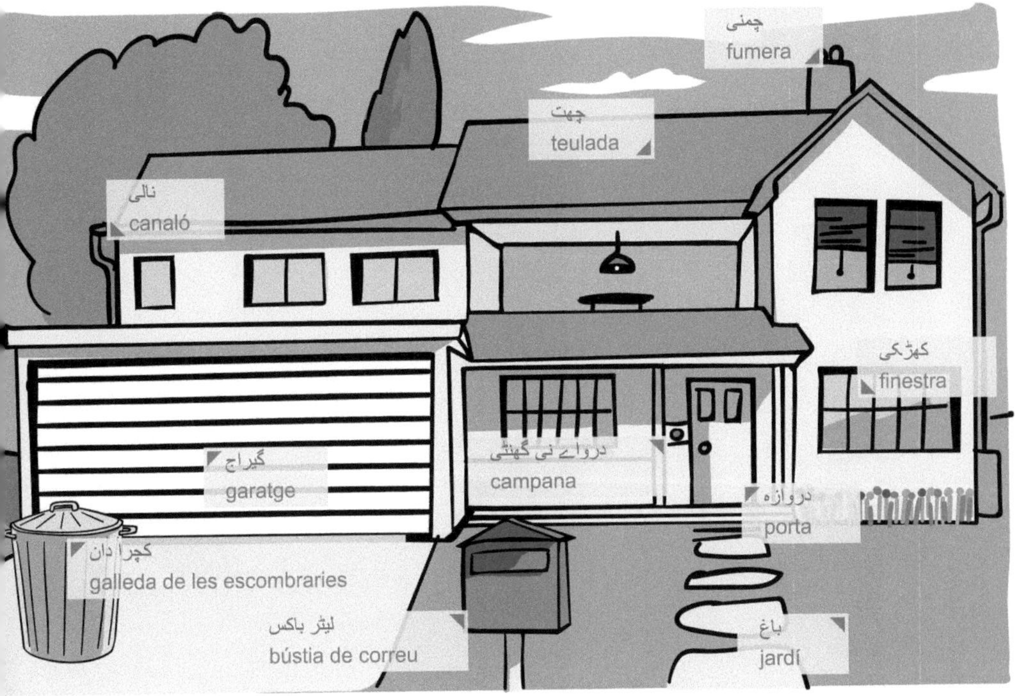

لونگ روم

sala d'estar

باتھ روم

bany

باورچہ خانہ

cuina

بیڈروم

cambra de dormir

بچیاں نا کمرہ

cambra de nen

ڈائننگ روم

menjador

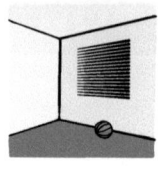

فرش

sòl

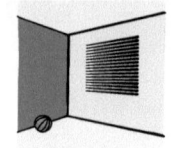

دیوار

paret

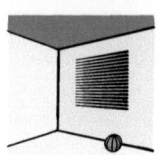

چھت

sostre

سلہا

soterrani

سوانا

sauna

بالکنی

balcó

ٹیرس

terrassa

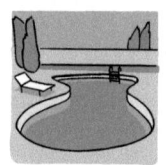

پول

piscina

لان موور

tallagespa

شیٹ

vànova

بیڈ سپریڈ

cobrellit

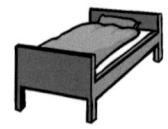

بیڈ

llit

جھاڑو

escombra

بالٹی

galleda

سوئچ

interruptor

لونگ روم

sala d'estar

وال پیپر
paper de paret
تصویر
quadre
لیمپ
làmpada
شیلف
prestatge
الماری
armari
ٹیلیویژن
televisor
آگ دان
escalfapanxes
پھل
flor
کشن
coixí
صوفہ
sofà
گلدان
gerro
ریموٹ کنٹرول
telecomanda

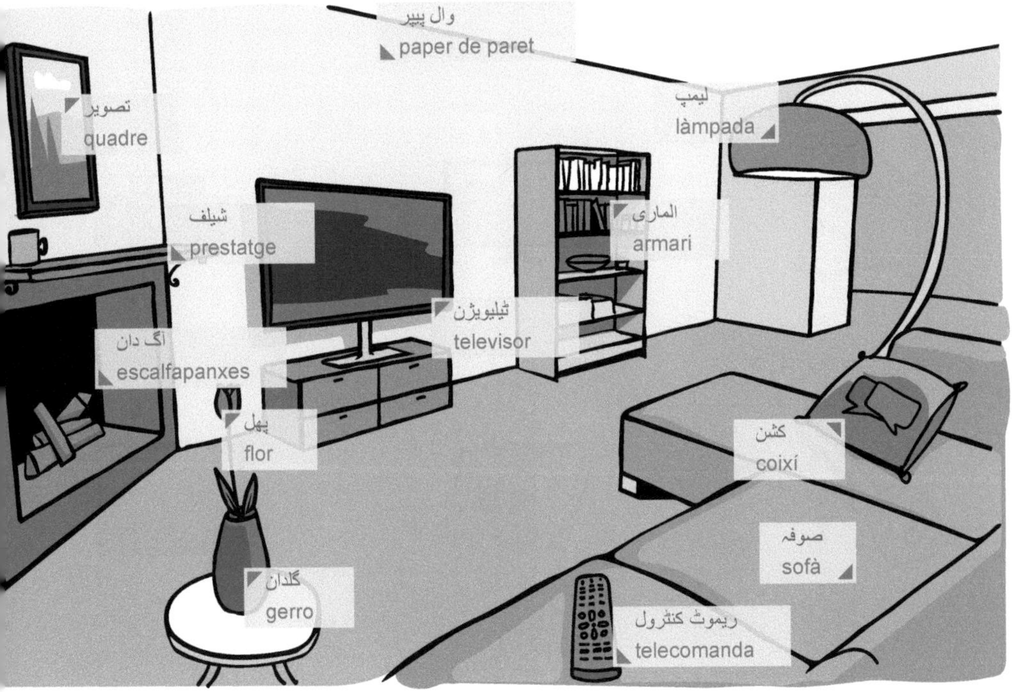

قالین

catifa

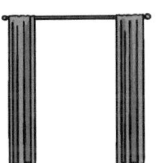

پردے

cortina

میز

taula

کرسی

cadira

راکنگ چئیر

cadira gronxadora

آرم چئیر

cadiral

کتاب

llibre

کمبل

llençol

ڈیکوریشن

decoració

کولے

llenya

فلم

film

ہائی فائی آلات

cadena de música

چابی

clau

اخبار

diari

پینٹنگ

pintura

پوسٹر

cartell

ریڈیو

ràdio

نوٹ پیڈ

bloc de notes

ہوور

aspiradora

کیکٹس

cactus

موم بتی

candela

باورچہ خانہ
cuina

مائیکرو ویو اوون
microones
فرج
refrigerador
کچن سکیل
balança de cuina
torradora
صرف
detergent per a plats
اوون
forn
فریزر
congelador
کچرا دان
galleda de les escombraries
پھانڈے دھون آلا
rentaplats

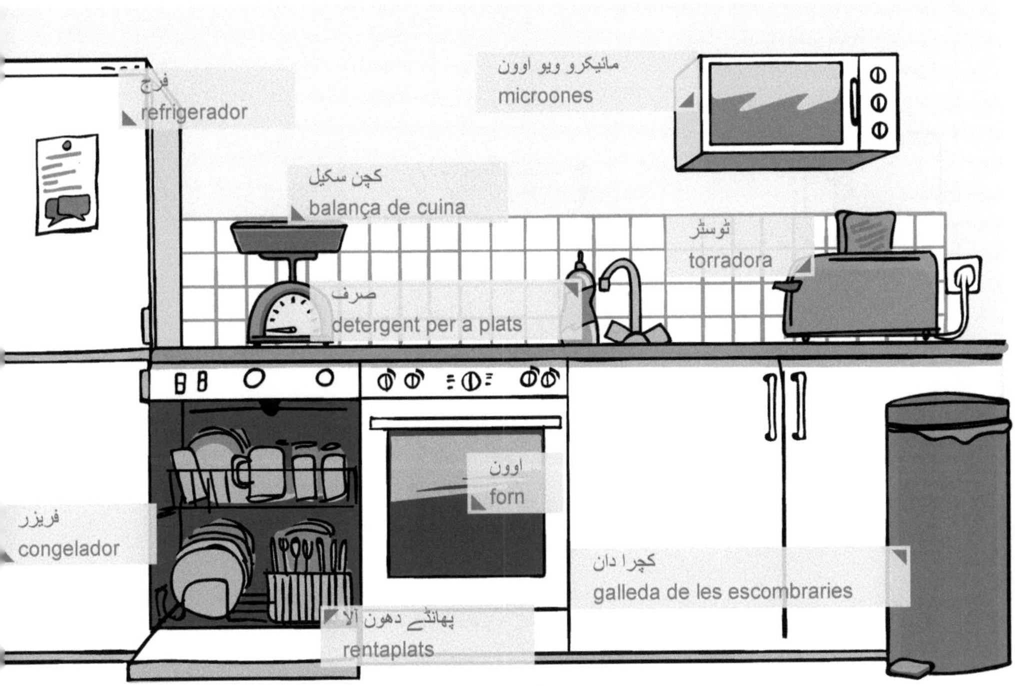

ککر

cuina de fogons

پاٹ

olla

کاسٹ آئرن پاٹ

olla de ferro colat

ووک / کڑائی

wok / karahi

پین

paella

کیتلی

bullidor

سٹیمر

olla de vapor

بیکنگ ٹرے

plata de forn

پھانڈے

vaixella

مگا

tassa grossa

پیالہ

bol

چوپ سٹکس

bastonets xinesos

کرچھل

culler

اسپالی

espàtula

پھینٹن آلا

batedor

چھننا

colador

چھننی

sedàs

جھاواں

ratllador

کھان پکان آلا چمچہ

morter

باربی کیو

barbacoa

چولھا

foc a terra

کٹنگ بورڈ

taula de tallar

رولنگ پن

corró

کارک سکرو

llevataps

کین

pot de conserva

کین کھلون آلا

obridor

پاٹ پگڑن آلا

agafador

سنک

aigüera

برش

raspall

سپنج

esponja

بلینڈر

batedora

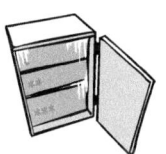

ڈیپ فریزر

congelador

بچے نی بوتل

biberó

ٹوٹی

aixeta

باته روم

bany

calefacció
شاور
dutxa
tovallola
شاور کرٹن
cortina de dutxa
bany de bombolles
banyera
گلاس
got
واشنگ مشین
rentadora
aixeta
rajoles
پاخانہ
orinal
سنک
aigüera

ٹوائلٹ
....
lavabo

ٹوائلٹ
....
lavabo turc

بڈٹ
....
bidet

پیشاب
....
orinador

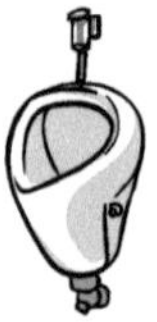

ٹوائلٹ پیپر
....
paper higiènic

ٹوائلٹ برش
....
escombreta de sanitari

ٹوتھ برش

raspall de dents

ٹوتھ پیسٹ

pasta de dents

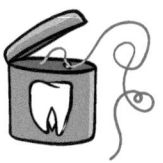

ڈینٹل فلاس

fil dental

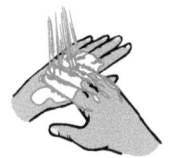

دھونا

rentar

ہتھ وچ پھڑن آلا شاور

pom de dutxa

شاور

dutxa íntima

بیسن

rentamans

بیک برش

raspall per a l'esquena

صابن

sabó

شاور جیل

gel de dutxa

شیمپو

xampú

فلالین

manyopla de bany

نالی

bonera

کریم

crema

ڈیوڈرنٹ

desodorant

آئینہ

mirall

ہتہ آلا شیشہ

mirall-espill de mà

استرا

maquineta de rasar

شیونگ فوم

espuma de barbejar

آفٹر سیو

loció post-rasada

کنگھا

pinta

برش

raspall

ہئیر ڈرائر

eixugador

ہئیر سپرے

laca

میک اپ

maquillatge

لپ سٹک

pintallavis

ناخن نی وارنش

esmalt d'ungles

کاٹن وول

cotó

ناخن کتر

tallaungles

پرفیوم

perfum

واش بیگ

....

estoig de bellesa

پاخانہ

....

tamboret

وزن دا پیمانہ

....

bàscula

باتھ نی الماری

....

barnús

ربر نے دستانہ

....

guants de goma

بفر

....

compresa higiènica

تولیہ سٹینڈ

....

compresa

کیمیکل ٹوائلٹ

....

sanitari químic

بچیاں نا کمرہ

cambra de nen

کھڈونے
کھڈونا گڈی
auto de joguina
sonall
casa de nines
تحفہ
present

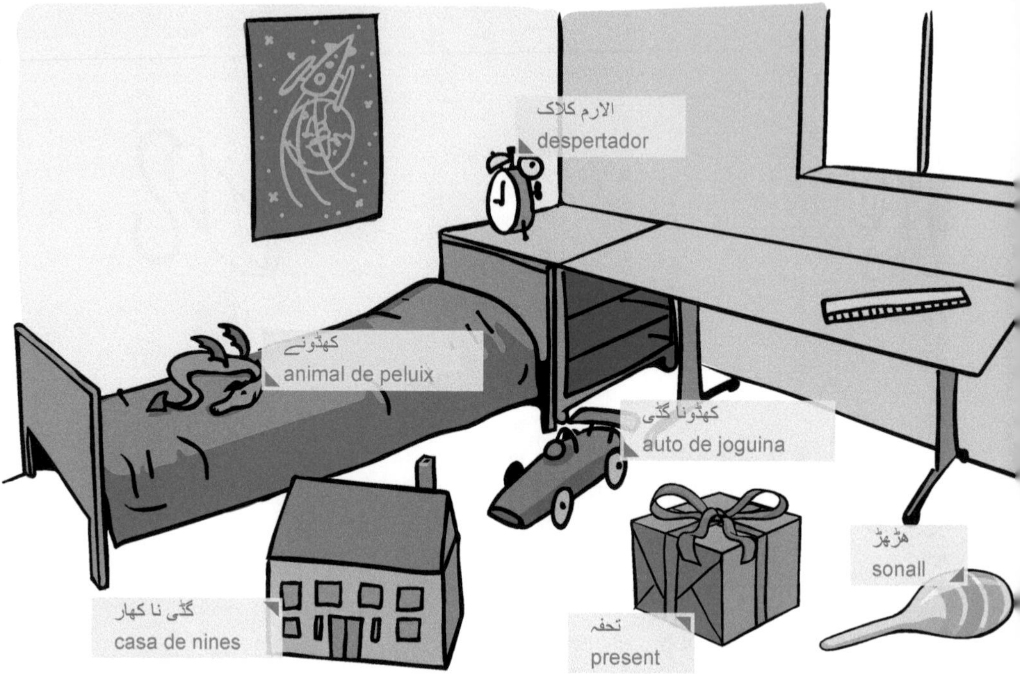

پھکانا

baló

بیڈ

llit

پرام

cotxet per a nens

تاش نے پتے

joc de cartes

جگ سا

trencaclosca

کامک

historieta

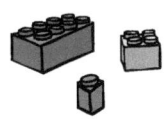

لیگو برکس

peces de lego

بلڈنگ بلاکس

peces de construcció

کھڈونا

ninot d'acció

بےبی گرو

granota

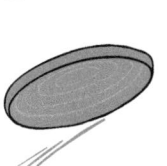

فرزوی

frisbee

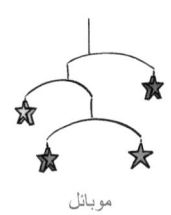

موبائل

mòbil per a bressol

بورڈ گیم

joc de taula

ڈائس

daus

ماڈل ٹرن سیٹ

tren elèctric

ڈمی

xumet

پارٹی

festa

تصویری کتاب

llibre de dibuixos

گیند

pilota

گڈی

nina

کھیڈنا

jugar

سینڈ پٹ

sorrera

جھولا

gronxador

کھڈونے

joguines

ویڈیو گیم کنسول

consola de jocs de vídeo

ٹرائی سائیکل

tricicle

ٹیڈی بئیر

osset de peluix

الماری

armari

کپڑے

roba

جراباں

mitjons

جراباں

mitges

ٹائٹس

mitja pantaló

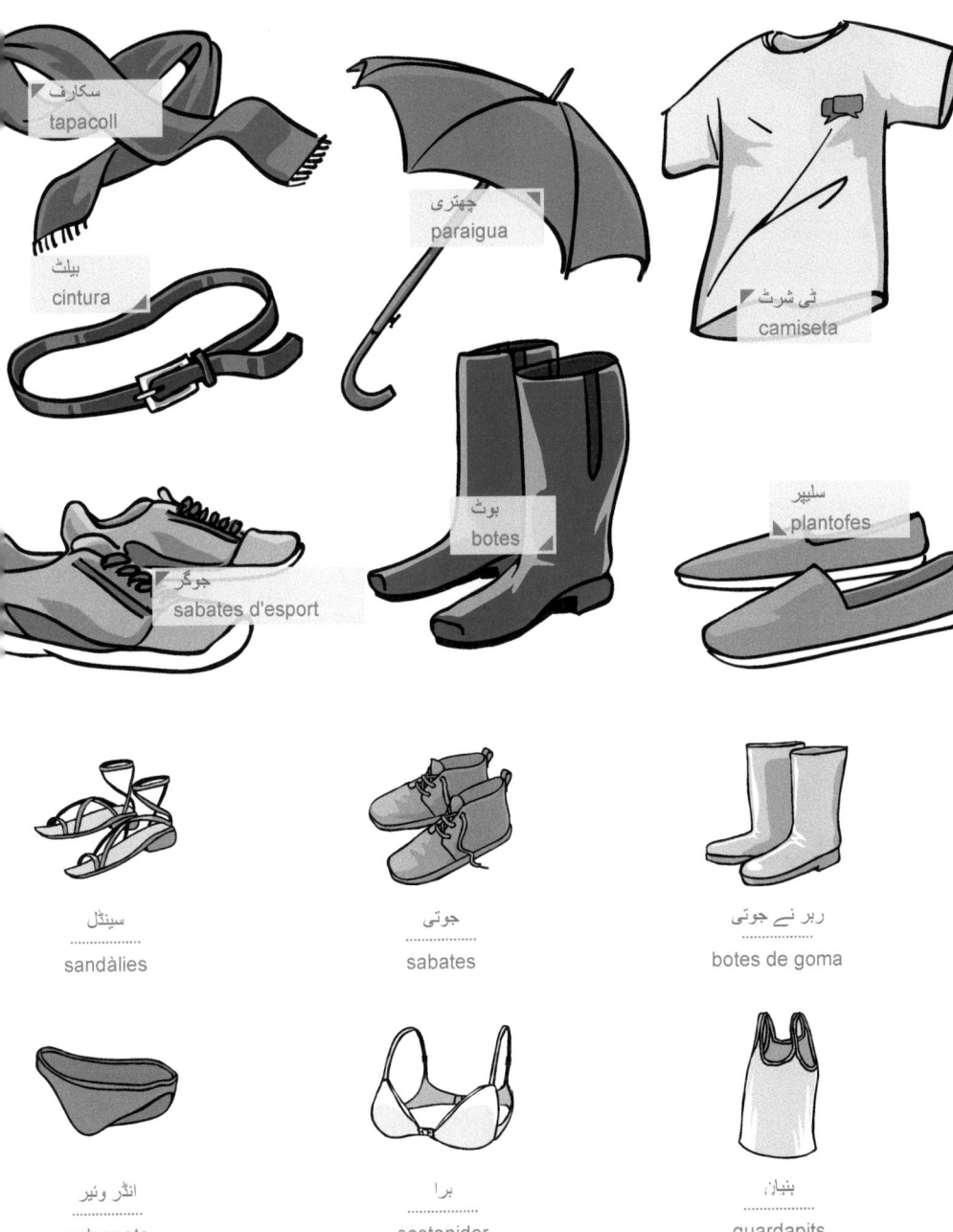

سکارف
tapacoll
چھتری
paraigua
ٹی شرٹ
camiseta
بیلٹ
cintura
بوٹ
botes
سلیپر
plantofes
جوگر
sabates d'esport

سینڈل
sandàlies

جوتی
sabates

ربر نے جوتی
botes de goma

انڈر وئیر
calçonets

برا
sostenidor

بنیان
guardapits

جسم

jjustacòs

پاجامہ

pantalons

جینز

jeans

سکرٹ

faldeta

برا

brusa

قمیض

camisa

سوئیٹر

jersei

ہوڈی

dessuadora

کوٹ

blazer

جیکٹ

jaqueta

کوٹ

mantell

برساتی

impermeable

کاسٹیوم

vestit de dona

کپڑے

vestit de dona

شادی نا جوڑا

vestit de núvia

سوٹ

vestit d'home

راتے نے کپڑے

camisa de dormir

پاجامہ

pijama

ساڑھی

sari

سکارف

mocador de cap

پگڑی

turbant

برقعہ

burca

کفتان

caftan

برقعہ

abaia

نہان والے کپڑے

vestit de bany

انڈروئیر

calçon(et)s de bany

نیکر

pantalons curts

ٹریک سوٹ

xandall

دھوتی

davantal

دستانے

guants

بٹن

botó

چشمہ

ulleres

بریسلیٹ

braçalet

ہار

collaret

انگوٹھی

anell

کنڈے

orellera

ٹوپی

casquet

کوٹ ہینگر

penjador

ٹوپی

capell

ٹائی

corbata

زپ

cremallera

ہیلمٹ

casc

بریسز

elàstics

سکول نی وردی

uniforme escolar

وردی

uniforme

بب
....
pitet

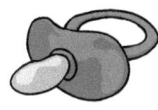

ڈمی
....
xumet

ناپی
....
bolquer

دفتر

oficina

سرور
servidor
فائلاں نے الماری
armari arxivador
پرنٹر
impressora
کاغذ
paper
مانیٹر
monitor
ماؤس
ratolí
میز
escriptori
فولڈر
arxivador
کی بورڈ
teclat
کرسی
cadira
کچرے نا ڈبہ
paperera
کمپیوٹر
ordinador

کافی مگ
....
tassa de cafè

کیلکولیٹر
....
calculadora

انٹرنیٹ
....
Internet

لیپ ٹاپ

ordinador portàtil

خط

lletra

پیغام

missatge

موبائل

mòbil

نیٹ ورک

xarxa

فوٹو کاپئیر

fotocopiadora

سافٹ وئیر

programari

ٹیلیفون

telèfon

پلگ ساکٹ

presa de corrent

فکس مشین

fax

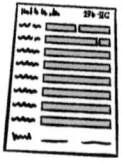

فارم

formulari

دستاویزات

document

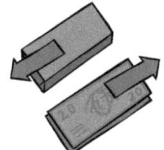

خریدنا

comprar

ادا کرنا

pagar

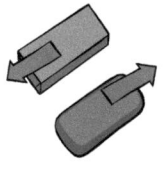

تجارت

comerciar

پیسہ

diners

ڈالر

dòlar

یورو

euro

ین

ien

ربل

ruble

سویس فرانک

franc suís

رینمینبی یوان

renminbi

روپیہ

rupia

کیش پوائنٹ

caixa automàtica

ایکسچینج دفتر

oficina de canvi

سونا

or

چاندی

argent

تیل

petroli

توانائی

energia

قیمت

preu

معاہدہ

contracte

ٹیکس

impost

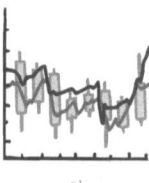

سٹاک

acció

کم

treballar

ملازم

treballador

آجر

empresari

فیکٹری

fàbrica

ہٹی

botiga

oficis

پلس افسر
oficial de policia
اگ بجھان آلا
bomber
کک
cuiner
ڈاکٹر
doctora
پائلٹ
pilot

مالی

jardiner

برھئی

fuster

درزن

costurera

جج

jutge

کیمسٹ

química

ایکٹر

actor

بس ڈرائیور

conductor d'autobús

ٹیکسی ڈرائیور

taxista

مچھیرا

pescador

صفائی آلی جنانی

dona de la neteja

روفر

ensostrador

ویٹر

cambrer

شکاری

caçador

پینٹر

pintor

بیکری آلا

forner

الیکٹریشن

electricista

تعمیرات آلا

obrer de la construcció

انجینئر

enginyer

قصائی

carnisser

پلمبر

llanterner

پوسٹ مین

correu

سپاہی
....
soldat

آرکیٹیکٹ
....
arquitecte

کیشئیر
....
caixera

پھلاں آلا
....
florista

نائی
....
perruquer

کنڈکٹر
....
revisor

مکینک
....
mecànic

کپتان
....
capità

دندان ساز
....
dentista

سائنس دان
....
científic

ربائی
....
rabí

امام
....
imam

راہب
....
monjo

انگریز
....
capellà

ٹولز

eines

ہتھوڑا
martell
پلائر
tenalles
سکریو ڈرائیور
descaragolador
سپینر
clau anglesa
ٹارچ
llanterna

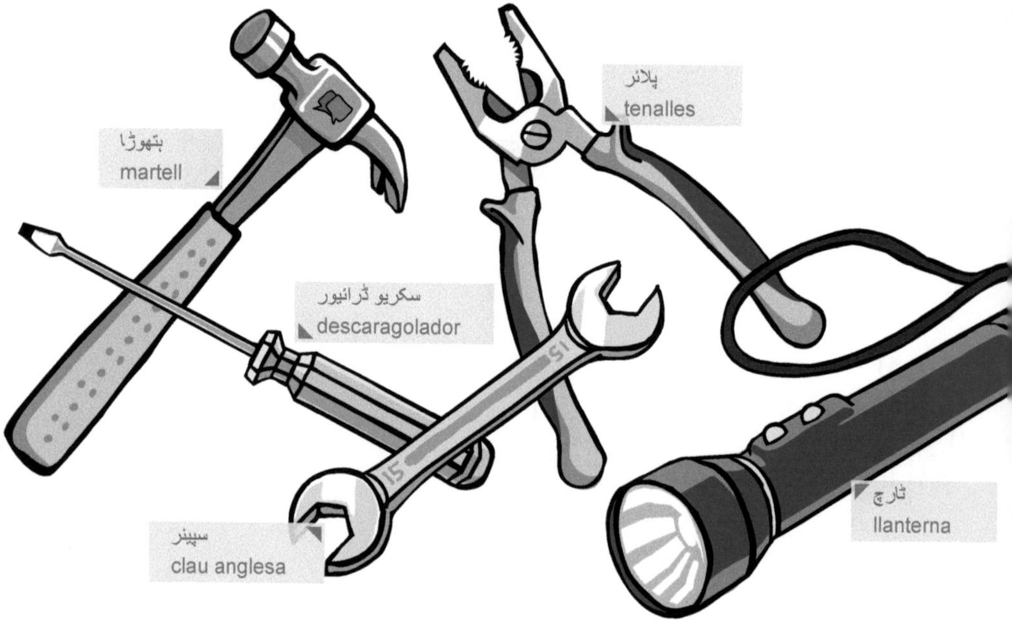

پھاوڑا

excavadora

ٹول باکس

caixa d'eines

سیڑھی

escala

آری

serra

کیل

claus

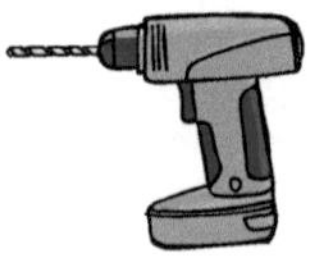

ڈرل

trepant

مرمت

reparar

شاول

pala

لعنت!

Maleït siga!

ڈسٹ پین

pala

پینٹ پاٹ

pot de pintura

سکریوز

caragols

موسیقی نے آلات

instrument de música

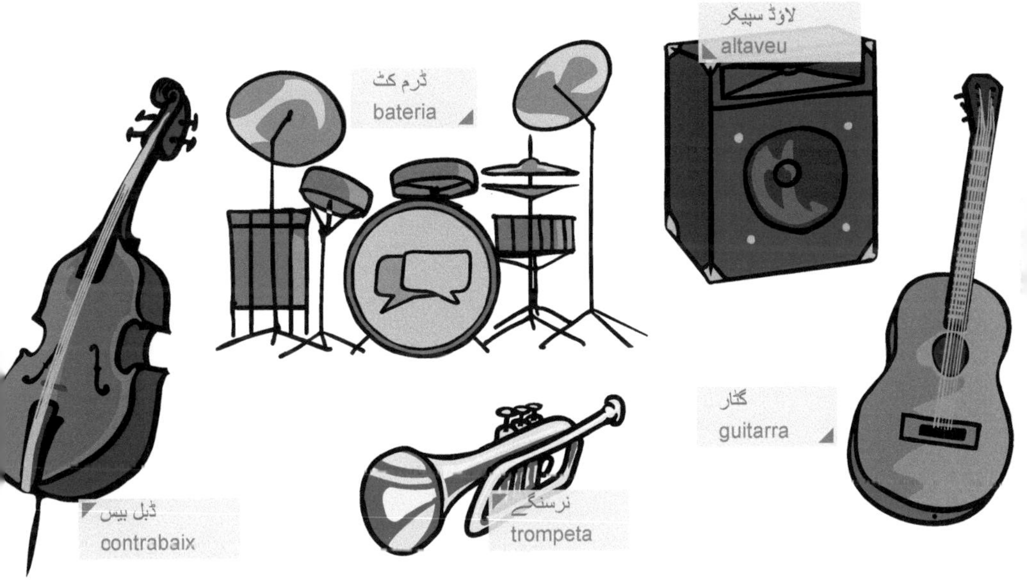

لاؤڈ سپیکر
altaveu
ڈرم کٹ
bateria
گٹار
guitarra
ڈبل بیس
contrabaix
نرسنگے
trompeta

پیانو

piano

وائلن

violí

بیس

baix

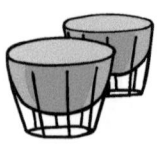

ٹمپانی

timbal

ڈرمز

tambor

کی بورڈ

teclat

سیگزو فون

saxofon

بانسری

flauta

مائکروفون

micròfon

چڑیا کھار

ZOO

داخلہ
entrada
چیتا
tigre
پنجرہ
gàbia
زیبرا
zebra
جانوراں دا کھانا
aliment per a animals
پانڈا
ós panda

جانور

animals

ہاتھی

elefant

کینگرو

cangurú

گینڈا

rinoceront

گوریلا

goril·la

ریچھ

ós

اونٹ

camell

شترمرغ

estruç

شیر

lleó

باندر

simi

فلیمنگو

flamenc

طوطا

papagai

برفانی ریچھ

ós polar

پینگوئین

pingüí

شارک

ca mari

مور

paó

سپ

serp

مگرمچھ

cocodril

چڑیا گھر دا رکھوالا

guardià del zoo

سیل

foca

جیگوار

jaguar

پونی
....
poni

لیپرڈ
....
lleopard

ہپو
....
hipopòtam

زرافہ
....
girafa

چیل
....
àliga

نر سور
....
senglar

مچھی
....
peix

کیچھوا
....
tortuga

والرس
....
morsa

لومبڑ
....
guineu

گیزل
....
gasela

امریکن فٹبال
futbol americà

سائکلنگ
ciclisme

ٹینس
tenis

باسکٹ بال
bàsquet

سوئمنگ
natació

باکسنگ
boxa

آئس ہاکی
hoquei sobre gel

فٹبال
....
futbol americà

بیڈ منٹن
....
bàdminton

ایتھلیٹکس
....
atletisme

ہینڈ بال
....
handbol

سکینگ
....
esquí

پولو
....
polo

activitats

چھال ما
ltar
چھپی پانا
abraçar
بنسنا
riure
چلنا
anar
گانا گانا
cantar
خواب
somiar
دعا
pregar
بوسہ
fer un petó

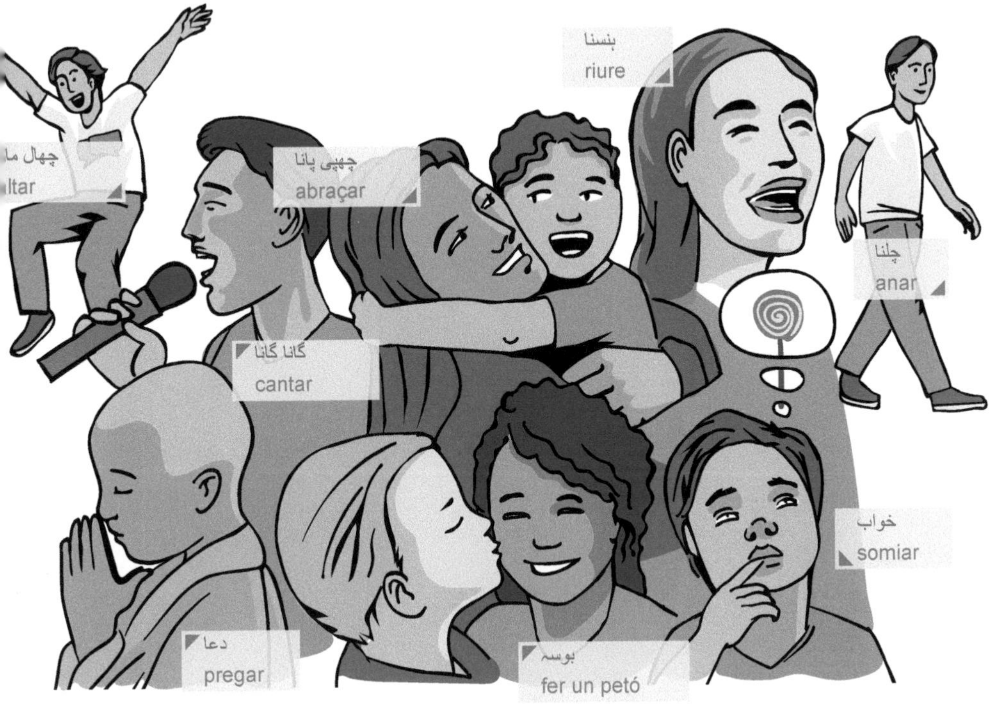

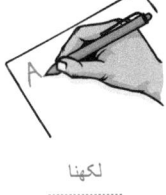

لکھنا
escriure

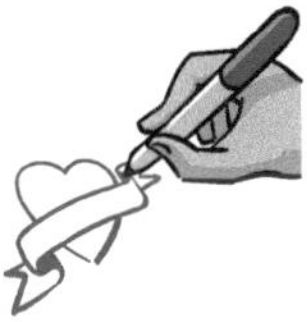

لیک لانا
dibuixar

وکھانا
mostrar

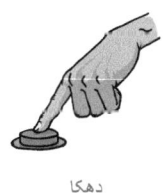

دھکا
pitjar

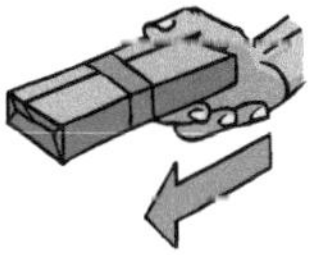

دینا
donar

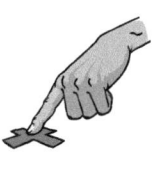

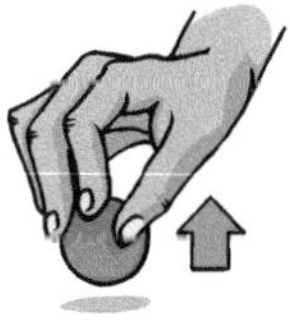

لینا
prendre

ہے وے

tenir

کرنا

fer

ہو

ésser

کھلونا

estar dret

دوڑنا

córrer

چیھکنا

estirar

سٹنا

llançar

ٹھینا

caure

جھوٹ

jeure

انتظار

esperar

چکنا

portar

بیہنا

asseure's

کپڑے پانا

vestir-se

سونا

dormir

جاگنا

despertar-se

ویکھنا

mirar

رونا/چلانا

plorar

سٹروک

amoixar

کنگھا

pentinar

گل کرنا

parlar

سمجھنا

comprendre

پوچھنا/دسنا

demanar

سننا

escoltar

پینا

beure

کھانا

menjar

تیار ہونا

endreçar

محبت

estimar

پکانا

cuinar

گڈی چلانا

conduir

اڈنا

volar

سمندری سفر

navegar

کیلکولیٹ

calcular

پڑھنا

llegir

سیکھنا

aprendre

کم

treballar

شادی

casar-se

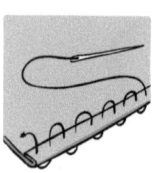

سیونا

cosir

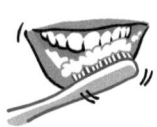

دند صاف

raspallar-se les dents

قتل

matar

دھواں

fumar

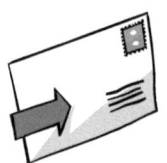

بھیجنا

enviar

família

دادی
avia
دادا
avi
پیو
pare
mare
بچہ
nadó
دھی
filla
پتر
fill

مہمان
convidat

ماسی / پھو
tia

چاچا/ماما
oncle

بھرا
germà

بہن
germana

جسم

cos

متھا
front
اکھ
ull
منہ
cara
ٹھوڑی
barbeta
انگلی
dit
ہتھ
mà
منڈھے
espatlla
چھاتی
pit
بانہ
braç
لت
cama

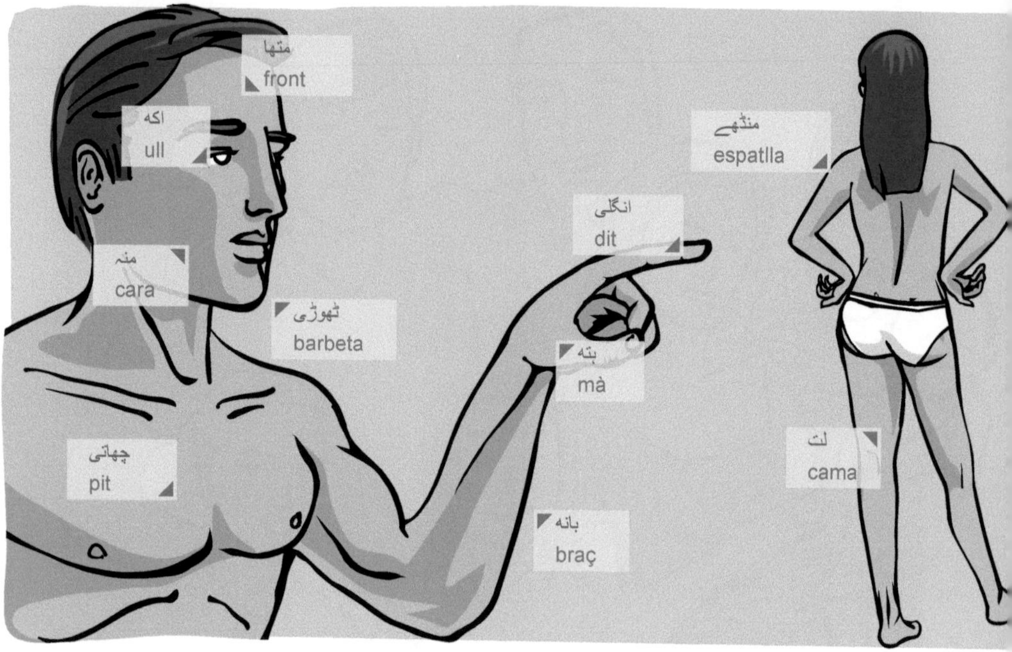

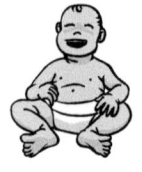

بچہ
....
nadó

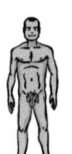

بندہ
....
home

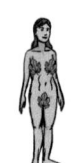

جنانی
....
dona

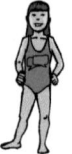

کڑی
....
noia

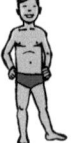

مڑا
....
noi

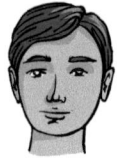

سر
....
cap

کمر

esquena

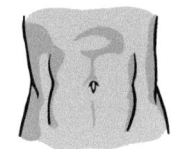

ٹھڈ

panxa

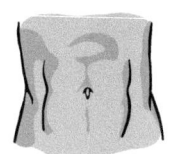

تھنی

melic

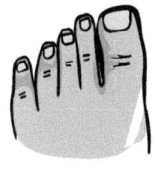

پنجہ

dit gros del peu

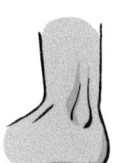

اڈی

taló

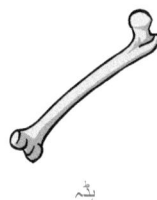

ہڈم

os

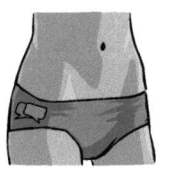

کولہے

maluc

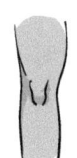

گوڈے

genoll

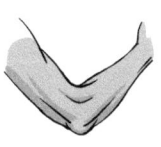

کہنی

colze

نک

nas

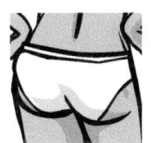

زیر جامہ

cul

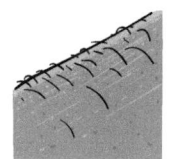

کھل

pell

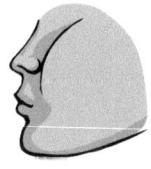

گلاں

galta

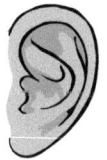

کن

orella

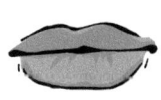

بل

llavi

منہ
....
boca

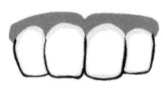

دند
....
dent

زبان
....
llengua

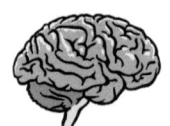

دماغ
....
cervell

دل
....
cor

پٹھے
....
múscul

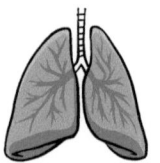

پھیپڑے
....
pulmó

جگر
....
fetge

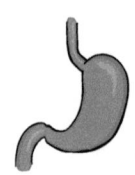

ٹھڈ
....
estómac

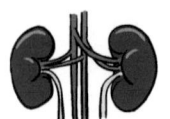

گردے
....
ronyó

جنس
....
relació sexual

کنڈم
....
preservatiu

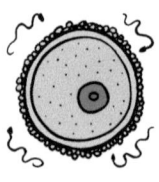

انڈے
....
ovari

منی
....
semen

حمل
....
prenyat

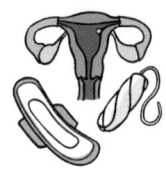

حيض

menstruació

اندام نہانی

vagina

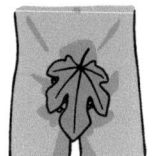

عضو تناسل

penis

بهوں

cella

بال

cabells

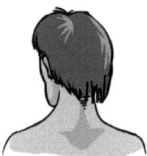

گردن

coll

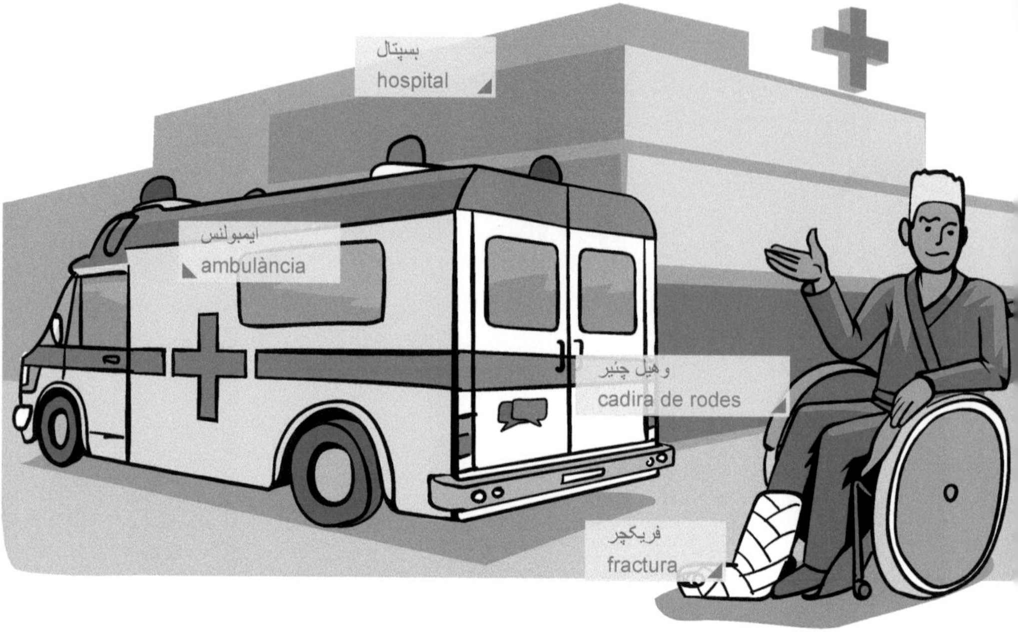

ہسپتال

hospital

ایمبولنس
ambulància
cadira de rodes
فریکچر
fractura

ڈاکٹر

doctora

ہنگامی کمرہ

sala d'urgències

نرس

infermera

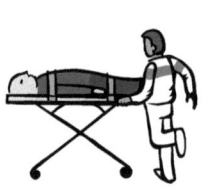

ایمرجنسی

urgència

بے ہوش

inconscient

درد

dolor

سٹ

....

ferida

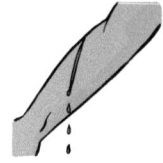

خون نکلنا

....

sagnament

دل نا دوره

....

atac de cor

فالج

....

apoplexia

الرجی

....

al·lèrgia

کھنگ

....

tos

تپ

....

febre

نزلہ

....

gripa

اسہال

....

diarrea

سر درد

....

mal de cap

کینسر

....

càncer

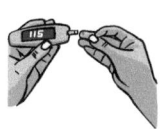

شوگر(ذیابطس)

....

diabetis

سرجن

....

cirurgià

سکیلپیل

....

escalpel

آپریشن

....

operació

سی ٹی

tomografia computada (TC), TAC

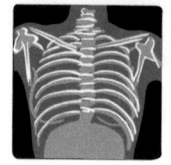

ایکسرے

raigs x

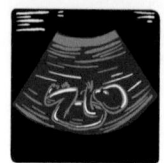

الٹرا ساؤنڈ

ultrasò

چہرہ نا ماسک

mascareta

بماری

malaltia

انتظار گاہ

sala d'espera

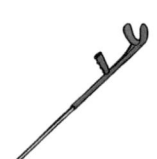

بیساکھی

crossa

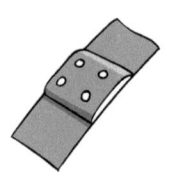

پلستر

tireta

پٹی

embenat

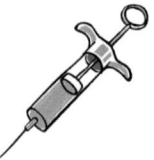

ٹیکہ

injecció

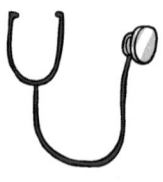

سٹیتھوسکوپ

estetoscopi

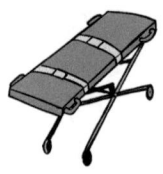

اسٹریچر

llitera

کلینکل تھرمومیٹر

termòmetre clínic

پیدائش

pariment

زائد الوزن

sobrepès

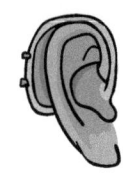

سنن لئی آلہ

aparell auditiu

جراثیم کش

desinfectant

متعدی مرض

infecció

وائرس

virus

HIV/AIDS

VIH / SIDA

دوائی

medicina

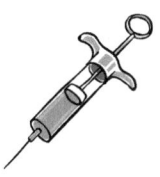

ویکسینیشن

vaccí

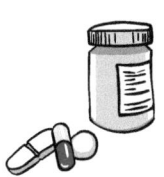

گولیاں

comprimits

گولی

píl·lola

ہنگامی کال

trucada d'urgència

بلڈ پریشر مانیٹر

tensiòmetre

بیمار / صحتمند

malalt / sà

ایمرجنسی

urgència

مدد!

Socors!

الارم

alarma

حملہ

assalt

حملہ

atac

خطرہ

perill

ہنگامی اخراج

sortida-eixida d'urgència

اگ!

Foc!

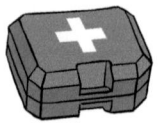

اگ بجاھن والا آلہ

extintor

حادثہ

accident

فرسٹ ایڈ کٹ

farmaciola de primers auxilis

SOS

SOS

پلس

policia

یورپ

Europa

شمالی امریکہ

Amèrica del Nord

جنوبی امریکہ

Amèrica del Sud

افریقہ

Àfrica

ایشیاء

Àsia

آسٹریلیا

Austràlia

اٹلانٹک

Atlàntic

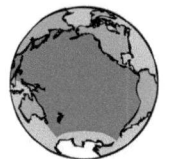

پیسیفک

Pacífic

بحیرہ ہند

Oceà Índic

بہیرہ انٹارکٹک

Oceà Antàrtic

بہیرہ آرکٹیک

Oceà Àrtic

قطب شمالی

pol nord

قطب جنوبی

pol sud

انتارکتیکا

Antàrtida

زمین

terra

خشکی

país

سمندر

mar

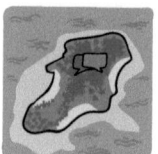

جزیره

illa

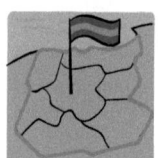

قوم

nació

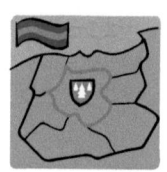

ریاست

estat

گھڑی
rellotge

کلاک فیس

quadrant

نکی سوئی

agulla de les hores

وڈی سوئی

agulla dels minuts

سیکنڈ ہینڈ

agulla dels segons

کی ٹائم ہویا اے؟

Quina hora és?

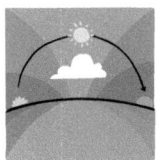

دن

dia

وقت

temps

ہون

ara

ڈیجیٹل گھڑی

rellotge digital

منٹ

minut

گھنٹہ

hora

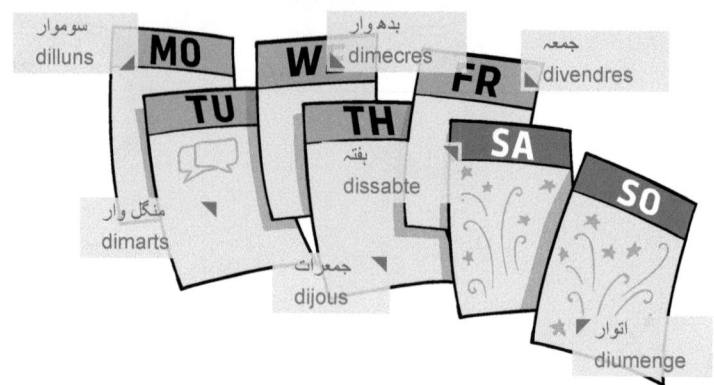

ہفتہ

setmana

سوموار
dilluns
MO
منگل وار
dimarts
TU
W
dimecres
TH
جمعرات
dijous
FR
جمعہ
divendres
dissabte
SA
اتوار
diumenge

1

کل

ahir

2

اج

avui

3

کل

demà

سویر

matí

دوپہر

migdia

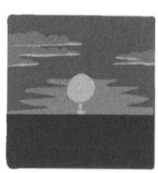

شام

tarda

MO TU WE TH FR SA SU
1 2 3 4 5 6 7
8 9 10 11 12 13 14
15 16 17 18 19 20 21
22 23 24 25 26 27 28
29 30 31 1 2 3 4

کاروباری دن

dia feiner

MO TU WE TH FR SA SU
1 2 3 4 5 6 7
8 9 10 11 12 13 14
15 16 17 18 19 20 21
22 23 24 25 26 27 28
29 30 31 1 2 3 4

ویک اینڈ

cap de setmana

سال

any

بارش
pluja
رین بو
arc de Sant Martí
برف
neu
ہوا
vent
بہار
primavera
خزاں
tardor
گرمی
estiu
سردی
hivern

4.APRIL 11°
5.APRIL 4°
6.APRIL 13°
7.APRIL 8°
8.APRIL 10°

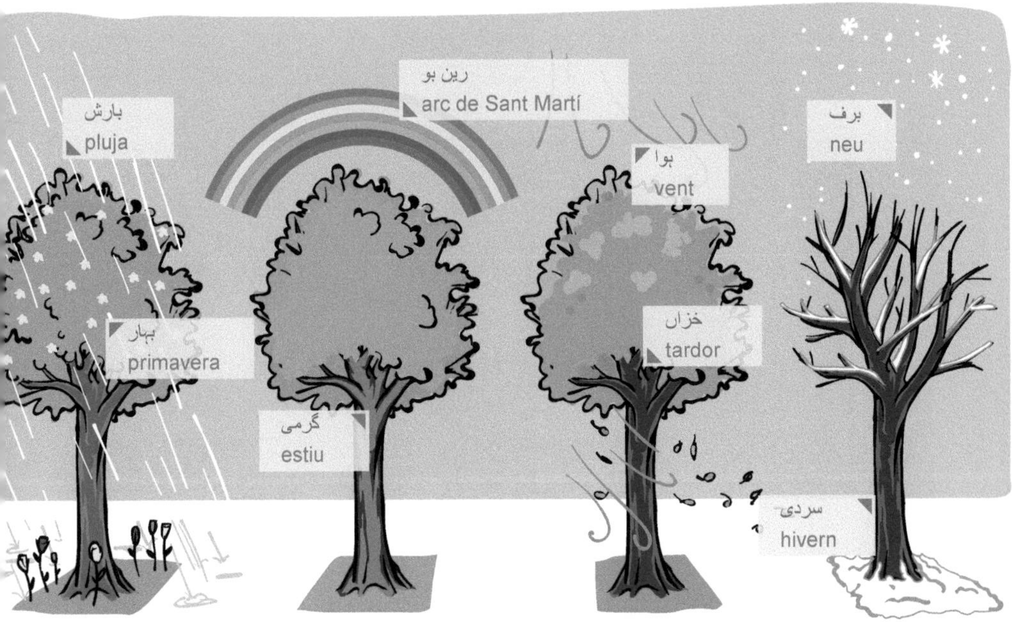

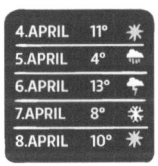

موسمی پیشگوئی

pronòstic del temps

F
C
120
90
60
30
0
-30
40
30
20
10
0
-10
-20

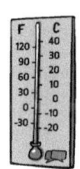

تھرمامیٹر

termòmetre

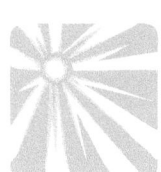

سورج نے چمک

llum del sol

بدل

núvol

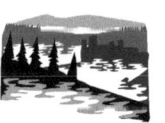

دھند

boira

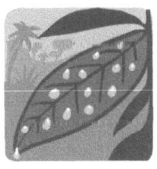

نمی

humiditat de l'aire

بجلی کڑکنا

llamp

گرج

tro

نهیری

tempesta

اولے

calamarsa

ساون

monsó

سیلاب

inundació

برف

gel

جنوری

gener

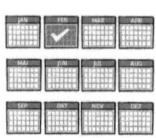

فروری

febrer

مارچ

març

اپریل

abril

مئی

maig

جون

juny

جولائی

juliol

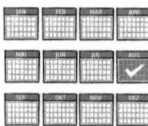

اگست

agost

ستمبر

setembre

اکتوبر

octubre

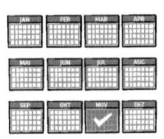

نومبر

novembre

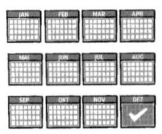

دسمبر

desembre

شکلاں

formes

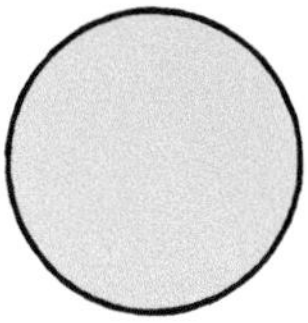

گول

cercle

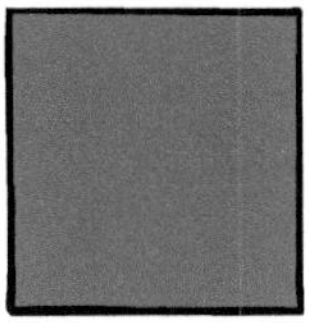

چوکور

quadrat

مستطیل

rectangle

مثلث

triangle

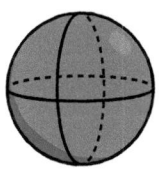

دائرہ نما

esfera

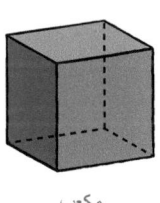

مکعب

cub

رنگ

colors

چٹا

blanc

پیلا

groc

نارنجی

taronja

گلابی

rosa

رتا

vermell

جامنی

lila

نیلا

blau

ہرا

verd

کتھئی

marró

سرمئی

gris

کالا

negre

oposats

زیادہ / گھٹ

molt / poc

ناراض / پرسکون

emprenyat / tranquil

خوبصورت / بدصورت

bonic / lleig

ابتداء / اختتام

començament / fi

وڈا / نکا

gran / petit

روشن / نھیرا

clar / fosc

بھرا / بہن

germà / germana

صاف / گندا

net / brut

مکمل / نا مکمل

complet / incomplet

دن / رات

dia / nit

مردہ / اندہ

mort / viu

چوڑا / تنگ

ample / estret

خوردنی / ناقابل خوردنی

comestible / immenjable

پھیڑا / چنگا

dolent / amable

خوش / ناخوش

entusiasmat / entediat

موٹا / پتلا

gros / prim

پہلا / آخری

primer / darrer

دوست / دشمن

amic / enemic

بھریا / خالی

ple / buit

سخت / نرم

dur / tou

بھاری / بلکا

pesant / lleuger

بھوک / پیاس

gana / set

بیمار / صحتمند

malalt / sà

قانونی / غیر قانونی

il·legal / legal

ذہین / بیوقوف

intel·ligent / ximple

کھبا / سجا

esquerra / dreta

کولے / دور

prop / llunyà

نواں / پرانا

nou / usat

کجھ نئیں / سب کجھ

res / quelcom

بڈھا / جوان

vell / jove

کھولنا / بند کرنا

encès / apagat

کھولنا / بند کرنا

obert / tancat

خاموشی / شور

silenciós / sorollós

امیر / غریب

ric / pobre

درست / غلط

correcte / incorrecte

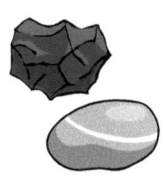

کھردرا / ہموار

aspre / suau

افسردہ / خوش

trist / content

نکا / لما

curt / llarg

آہستہ / تیز

lent / ràpid

گیلا / خشک

humit / sec - eixut

گرم / ٹھنڈا

calent / fred

جنگ / امن

guerra / pau

اعداد
nombres

0	1	2
صفر	اک	دو
zero	u	dos
3	4	5
تن	چار	پنج
tres	quatre	cinc
6	7	8
چھ	ست	اٹھ
sis	set	vuit
9	10	11
نو	دس	یاراں
nou	deu	onze

12

باراں

dotze

13

تیراں

tretze

14

چودا

catorze

15

پندرہ

quinze

16

سولہ

setze

17

ستاراں

disset

18

اٹھاراں

divuit

19

انیہ

dinou

20

وی

vint

100

سو

cent

1.000

ہزار

mil

1.000.000

ملین

milió

بولی
llengües

انگریزی
anglès

امریکی انگریزی
anglès americà

چینی مینڈیرین
xinès mandarí

ہندی
hindi

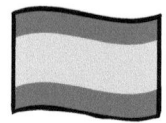

سپینش
espanyol

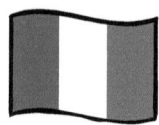

فرینچ
francès

عربی
àrab

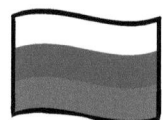

رشئین
rus

پرتگالی
portuguès

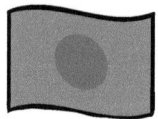

بنگالی
bengalí

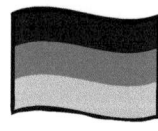

جرمن
alemany

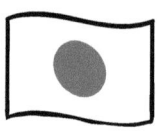

جاپانی
japonès

کون/ کی / کیوں

qui / què / com

میں

jo

توں

tu

وہ/وہ/ایہہ

ell / ella / allò

اسیں

nosaltres

توں

vosaltres

او

ells

کون؟

qui?

کی؟

què?

کیوں؟

com?

کتھے؟

on?

کدوں؟

quan?

ناں

nom

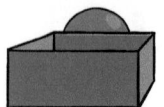

کتھے
on

پچھے

darrere

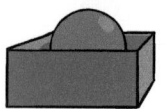

وچ

en

نے سامنے

davant de

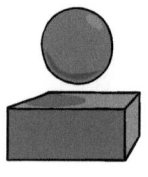

تے

damunt

تے

sobre

ہیٹھ

sota

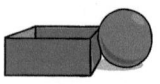

سوا

al costat

مابین

entre

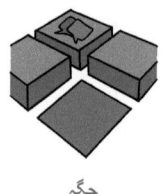

جگہ

lloc